中国父母养育智库

中国父母
应该知道的

50个
儿童经典游戏

父母必读杂志社　编著

北京出版集团公司
北京出版社

图书在版编目（CIP）数据

中国父母应该知道的·50个儿童经典游戏 / 父母必
读杂志社编著. — 北京：北京出版社，2017.4
ISBN 978-7-200-12964-9

Ⅰ. ①中… Ⅱ. ①父… Ⅲ. ①游戏—基本知识 Ⅳ.
①G898

中国版本图书馆CIP数据核字 (2017) 第081937号

中国父母应该知道的　50个儿童经典游戏
ZHONGGUO FUMU YINGGAI ZHIDAO DE 50 GE ERTONG
JINGDIAN YOUXI

父母必读杂志社　编著

*

北 京 出 版 集 团 公 司
北 京 出 版 社 出版
（北京北三环中路6号）
邮政编码：100120
网　　　址：ｗｗｗ.ｂｐｈ.ｃｏｍ.ｃｎ
北 京 出 版 集 团 公 司 总 发 行
新 华 书 店 经 销
北京市雅迪彩色印刷有限公司印刷

*

787毫米×1092毫米　16开本　6印张　100千字
2017年4月第1版　　2017年4月第1次印刷

ISBN 978-7-200-12964-9
定价：29.80 元

如有印装质量问题，由本社负责调换
质量监督电话：010－58572393

"中国父母应该知道的"系列图书
编委会

主任
徐　凡　恽　梅

编委会成员
儿童营养与健康　刘纪平　张　峰　崔玉涛
好习惯与游戏　陈　宁　汪　荃
亲子阅读　阿　甲　唐　洪

序言| 亲子游戏，陪伴孩子成长的最强助力

翻阅本书之前，我们不妨先来回答一个问题：我的孩子最不爱做的是什么？

相信答案会五花八门：不爱睡觉，不爱吃东西，不爱学习……但可以肯定的是，有一个答案一定不会出现，那就是不爱玩！

的确，喜玩、乐玩是孩子的天性，游戏是每个孩子的至爱，在孩子的成长过程中不可或缺。心理学研究发现，游戏能促进儿童多方面的发展：教会孩子各种生活技能，提高孩子的认知能力，增强孩子的自信心，促进孩子社会交往能力，培养孩子各方面的良好习惯……

因此，当我们身处家庭教育的各种困境，或者想攻克某个教育小目标时，不妨先放下教育者的角色，而转身去为孩子营造一个游戏乐园，从而变身成为孩子的游戏伙伴。这时候你就会发现：在快乐的游戏过程中，难题解决了，目标达到了，而我们也在和孩子玩耍的过程中收获了良好的亲子关系。

也许，有人会觉得游戏完全是教育者在施教过程中精心设计的一个环节，事实上，只要有一颗童心，生活中每个场景都存在着游戏元素，比如，"晚间共读中的你问我答"是游戏，"妈妈做饭我来帮"是游戏，"水果采摘"同样是游戏……

《中国父母应该知道的·50个儿童经典游戏》这本书带给大家的，不仅仅是50个游戏本身，从每一个游戏的完成过程中，我们将学会如何营造游戏环境，如何去寻找适合的游戏，又该通过哪些细节来开发出亲子游戏的最强功能，让快乐成为家庭教育的主音符，这才是最重要的！

《父母必读》杂志 执行主编

目录

第一章

优秀**来自好习惯**

——好习惯游戏

　　"行为构成习惯，习惯养成性格，性格决定命运"的说法已经广为人知。如果能让孩子从小意识到并养成好习惯，孩子将会受益一生。

"讲卫生"的好习惯游戏

爱上洗澡

准备道具：浴液、小水盆、能漂浮的塑胶玩具、小毛巾、照片、小贴画

2 适合年龄：
岁以上

游戏方法

- 给孩子照两张照片：一张他洗完澡、干干净净的照片；一张他没洗澡、邋邋遢遢的照片。再给他常玩的小塑胶玩具也同样照两张对比照片。在培养孩子洗澡习惯期间，把这四张照片挂在家里醒目的位置，让孩子说一说哪张照片看起来更舒服、更漂亮，他更喜欢哪一张。还可以让他在喜欢的照片的角上贴上表示高兴表情的小贴画。

- 大家都喜欢整洁、干净的人。和孩子聊一聊，怎样才能做到整洁、干净呢？如果每天不洗澡、不换衣服、不注意个人卫生，会变成什么样子呢？每天出门前可以和孩子互相检查对方的个人卫生，如指甲是否清洁，身体是否有难闻的气味等。

- 孩子明白了应该勤洗澡、多注意个人卫生的道理之后，可以和孩子约定：以后妈妈负责给孩子洗澡，孩子负责给自己的玩具洗澡等，这样一来孩子会对洗澡更有积极性。

- 孩子每次给玩具洗完澡后，可以让他在干净玩具的照片上贴一张小贴画；孩子自己洗完澡后也可以在自己整洁、干净的那张照片上贴上喜欢的小贴画。过一阵子可以比一比，看看哪张照片上的小贴画更多。

- 只要水温合适、房间暖和，孩子一般都会喜欢洗澡，但是不喜欢洗头。孩子最怕水和洗发液泡沫进入眼睛、耳朵和鼻子。为了避免这一点，父母可以选择刺激性小的、无泪配方的婴幼儿专用洗发液。冲洗时，托住孩子的后脖颈，让孩子头向后仰，用清水慢慢冲洗。

> **游戏小贴士**
>
> 　　培养孩子爱清洁的好习惯不是一件容易的事情，可以尝试用游戏的方式引导孩子。还可以列出一张检查清单，写上每天必须要做到的事情，包括刷牙、洗脸、梳头、整理床、叠衣服等。甚至可以让孩子闻一闻父母运动后身上的汗味，再闻一闻沐浴后身上的香味，这种对比有利于孩子养成爱清洁的好习惯。

涂牙齿

准备道具：图画纸、水彩笔

 3 适合年龄：岁以上

游戏方法

● 先给孩子编一个小故事：一个小朋友不喜欢刷牙，最后牙疼得什么好吃的都吃不了了，只好去看医生。医生在他的牙上钻了个洞，才治好了牙痛。讲故事时可以尽量用夸张的语气。故事讲完后告诉孩子，只有认真刷牙才能保护好牙齿。

● 和孩子一起为每个家庭成员画一张头像，把牙齿画得突出些，头像的旁边分别写上名字。每天，大家都要互相检查对方的牙齿，比一比谁的牙齿更白。如果发现谁的牙齿里面有脏东西，或者嘴里有异味，就要把他头像上的牙齿用彩笔涂掉一颗，如果牙齿都被涂完了，就把嘴巴涂上难看的颜色。牙齿最先被涂完的人，可以对他进行小小的惩罚，如一周之内不许吃他最喜欢的食物等。

● 牙齿连续一周都最白的人，周末有权利提出一个合理的要求作为奖励。

游戏小贴士

　　牙齿的健康状况会影响一个人一生的生活质量，牙齿美观和口气清新也是一个人文明礼貌的标志。但让孩子从小养成刷牙的好习惯，注意保持口腔卫生，不是一件容易的事。所以，请给孩子一个想象的空间和具体的情境，让孩子在快乐中把枯燥而有益的事情坚持下来。养成一个习惯一般需要21天，所以，最初的一个月很关键。在督促孩子之前，父母也要注意自己的口腔卫生，不要在牙齿上留下烟渍、茶渍等，为孩子做个好榜样。父母也参与到游戏中来，能使孩子感觉到家庭平等、民主的气氛。久而久之，刷牙就会成为孩子一个自然的习惯。

③ 长指甲的烦恼

③ 适合年龄：
岁以上

准备道具：白纸、胶棒、儿童专用安全剪刀

游戏方法

● 和孩子一起，根据手的大小，各自用白纸做 10 个纸指甲。可以用软纸做成套套在手指上，也可以用硬纸剪出长指甲的形状贴在手指上。

● 戴上纸指甲，和孩子一起做一些有长指甲不方便做的事。可以玩玩具、叠衣服、拿东西，还可以弹钢琴、写字、画画等。要求半个小时内谁都不能摘下纸指甲。

● 半小时后，让孩子摘下纸指甲，看看上面是不是沾上了脏东西。

● 大家轮流说说长指甲给自己做事带来的不便，爸爸、妈妈可以把不方便的感受说得更细致、更夸张一些，借此告诉孩子不勤剪指甲的坏处。

游戏小贴士

　　勤剪指甲事情虽小，却能从侧面反映出一个人的教养。孩子不喜欢剪指甲，常常是因为他们还体会不到不剪指甲的坏处，或怕被剪疼，另外大人掰着孩子的小手剪指甲也会让孩子感觉不自在。对孩子来说，亲身的体验和感受比说教更容易接受。在这个游戏中，他能亲身感受到长指甲给自己带来的不方便，印象会特别深刻。如果这个时候爸爸、妈妈再因势利导地告诉孩子不勤剪指甲的其他坏处，如藏污纳垢、容易在游戏时划伤小伙伴等，更能让孩子切身地体会到勤剪指甲的重要性，能起到事半功倍的效果。

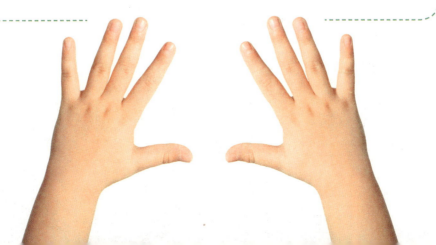

"健康宝宝"的好习惯游戏

④ 种萝卜

准备道具：无

② 适合年龄：
岁以上

游戏方法

● 睡觉前，可以先和孩子一起玩"萝卜蹲"的游戏。父母当红萝卜，孩子当白萝卜，爸爸或妈妈念指示口令："白萝卜蹲，红萝卜蹲；白萝卜不蹲，红萝卜蹲……"全家人跟着口令一起做蹲下、站起的动作。但因为这是睡前游戏，要避免让孩子过度兴奋，所以，在说口令时，语调和语气上要尽量轻柔、平缓一些，并注意控制游戏的时间。

● 蹲错的萝卜要被赢了的萝卜种到"坑里"（床上）去睡觉，剩下的两个人可以继续玩。

● 最后赢得胜利的红萝卜（爸爸或妈妈）要检查白萝卜（孩子）是否种好了，土是否都埋好了（被子是否盖好了）。之后，就可以陪着孩子睡觉了。如果孩子已经养成了独立睡眠的习惯，就可以让孩子独自入睡了。

● 开始爸爸或妈妈要赢得最终的胜利，赢了几次之后可以让孩子赢一次，让他从被动变主动，以此来鼓舞他养成睡眠好习惯的积极性。

游戏小贴士

　　引导孩子按时睡眠，让他从小养成良好的睡眠习惯，不仅有助于他脑部和身体的发育，还是保证他身体健康的重要手段。孩子和父母一起做睡前游戏或者做一种固定的睡前活动，能让孩子在快乐的气氛中不知不觉地形成按时睡觉的好习惯。为了保持孩子对游戏的新鲜感，父母可以隔一两天和孩子做一次"种萝卜"的游戏，直到孩子养成按时睡觉的好习惯为止。

⑤ 拔萝卜

准备道具：无

适合年龄：2 岁以上

游戏方法

● 每天早上起床的时候，放上一段孩子喜欢听的音乐，让他知道起床的时间到了。

● 轻轻地拉住孩子的两只小手说："妈妈要来拔这个大萝卜了，拔萝卜，拔萝卜，拔不动呀拔不动。"边说边轻柔地摇摇他的小胳膊，让他从睡梦中醒来。在孩子困意渐渐消失后，妈妈一边说"拔萝卜，拔萝卜，拔出了一个大萝卜"，一边轻轻地把孩子拉起来。

● 如果孩子不愿意起来，可以继续提醒说："要是这个大萝卜一拔就能拔出来该多好啊，下次只让妈妈拔一次好吗？"如果孩子很配合不再赖床，那就可以提出新的要求："哎呀，如果我的大萝卜一听到音乐就能自己跳起来，那该多好啊！"

● 通过一段时间的游戏，孩子就能渐渐地养成不赖床的好习惯了。

游戏小贴士

　　每天早上叫孩子起床可能是让父母比较发愁的一件事。早晨时间很紧，父母要赶着上班又要忙着帮孩子洗漱、穿衣，送孩子到幼儿园。可孩子偏偏喜欢赖床，尤其到了冬天，更是留恋自己那温暖的小被窝儿。有时候父母催得急了，还可能让孩子在新的一天开始时便没了好心情。妈妈可以尝试一下这个"拔萝卜"的游戏。游戏时间不长，却不仅能让孩子在早晨变得更加愉快，还有利于孩子养成按时起床的好习惯。另外，如果不希望孩子早晨赖床，父母首先要帮助孩子调整好睡眠时间，以便让他在清晨能够自然醒来。

6　小小营养师

准备道具：无

3 适合年龄：岁以上

游戏方法

● 利用日常吃饭、超市购物等机会，教孩子认识一些常见食物的名称，告诉他一些相关的食品健康营养知识。如牛奶能帮助孩子长高个儿，鱼肉能让孩子变得更聪明等。现在可供妈妈参考的食品营养书和网络信息都很丰富，妈妈可以尽量用孩子能够理解的方式，告诉他什么样的食品能让人身体变强壮、让人少生病等。

9

● 孩子了解了一些基本的食物名称和健康营养知识后，父母可以和他在饭桌上或者在超市里玩"山珍海味猜猜猜"的认知游戏。陆地上的，无论是五谷杂粮、蔬菜水果还是日常食用的鸡（包括鸡蛋）、鸭、猪、牛、羊等肉类都可以算作"山珍"。而鱼、虾、蟹、海带等海产品等则归为"海味"。对于已经看不出原形的加工食品，可以引导孩子识别其中的主要原料，看看究竟是来自陆地还是海洋。另外，还可以和孩子一起查一查资料，说一说常吃没有受过污染的绿色食品对身体有什么好处。

● 引导孩子分辨平时常吃的零食中哪些是不健康的食品，如膨化食品、色素含量高的食品，并讨论一下常吃这些食品会对身体健康产生什么害处。

● 为了加深印象，父母可以和孩子一起把他认识的含有丰富营养的"山珍""海味"以及对身体有害的"零食"画出来，并指导孩子用他能理解的小标记把这些食品的营养特点在旁边标注出来，如水果能让人变漂亮，蔬菜能让人少得病，牛奶和肉食能让人长个儿等。

● 把孩子的画收集起来装订成册，起名为"XX（孩子的名字）家健康食品指南"。

● 让孩子根据"指南"对父母做的菜进行点评，并提出改进的建议。

游戏小贴士

　　有了好的身体才能更好地生活和工作，而健康的饮食习惯是拥有好身体的前提。现在市场上对孩子的身体健康有害的垃圾食品很多，父母不能一味迁就孩子。

　　父母还应提醒孩子，好东西也不能一次吃得太多，什么东西吃多了都会对身体不好。适时适量地选择要吃的食物，才能对身体有益。这个小游戏既增加了孩子食品营养方面的知识，又能促使孩子从小就思考哪些食物该吃、哪些食物不该吃，这能帮助孩子养成理智、健康的饮食习惯，为他日后的生活和工作打下良好的基础。

7 星级小厨师

准备道具 :（做厨师帽的）纸、厨房用具、相关食品

2 适合年龄：
2 岁以上

游戏方法

- 在挑食的孩子的食物黑名单上，胡萝卜、菠菜、洋葱、柿子椒等蔬菜常常榜上有名。虽然它们含有丰富的营养，但是孩子往往不喜欢它们的味道。如何让孩子喜欢吃这些食物呢？首先一个最基本的方法就是将这些蔬菜化整为零地切成碎末，搅进肉馅中包饺子或做丸子。如果孩子还不肯吃，那就需要请星级小厨师上阵了。

- 用纸为孩子做一顶厨师帽，别忘了贴上一颗小星星。

- 可选的菜谱有黄金蛋饺（蛋黄和面）、翡翠菜饺（绿色蔬菜切碎、挤汁，和面）、牛奶雪饺（牛奶和面）、胡萝卜橙色饺（胡萝卜切碎、挤汁，和面）、百变蛋皮炒饭、菜果沙拉等，这些菜谱的共同特点是色香味俱全。

- 上面 4 种饺子同时做的话工作量会有些大，一次可只选择其中的一两种。小厨师上阵前，可由妈妈协助切好菜，然后由小厨师随意选择参与（用洁净的纱布）挤汁、和面、擀皮或者包饺子的任意一道工序，哪怕他只在一旁玩玩面也是很好的。只要小厨师亲自参与，再加上这样一顿色香味俱全的美味，孩子一定会吃得格外香甜。

- 百变蛋皮炒饭的做法也很简单。煎好一张圆形的鸡蛋皮，摊在碟子上。用各种蔬菜丁配以香肠丁把饭炒好后，取适量炒饭放在碟子里的鸡蛋皮上，卷成一个扁圆筒。然后取适量的番茄酱放到碗里，拿一把小勺交给星级小厨师当画笔，之后就能看到小厨师的点睛之作了。它可能是一张笑脸，也可能是一辆小汽车，甚至是一条可爱的小鱼。

- 水果沙拉可以作为整个夏季星级小厨师的保留节目，从蔬果的选择配比、清洗、用安全的刀叉切块到拌沙拉酱，都可能成为星级小厨师愿意亲自上阵的工作。拌入沙拉酱之前，加入事先用盐腌好的洋葱末，味道就更好了。

- 如果经常能创造机会让星级小厨师在这些厨艺游戏中体验到快乐，保证星级小厨师的饭量和厨艺都会日渐增长和进步，到时可要给孩子的小厨师帽上多增加几颗星星。

游戏小贴士

　　培养饮食习惯的基本原则是要满足孩子身体健康成长所需的营养。另外，进餐气氛、父母的饮食习惯、厨艺以及对于孩子进餐心理的把握都可能影响孩子的饮食习惯。在注意安全的前提下，让孩子更多地参与到做饭的过程中来，并通过预先的精心设计让孩子体验到做饭的成就感，这对帮助孩子改掉挑食的习惯非常有效。有些父母过度关注孩子饮食量的多少，喜欢将自己的孩子和其他吃得多、长得快的孩子比较，这样做往往会给孩子造成心理压力，导致孩子不能自然、正常地进餐。其实孩子的身高不只是受饮食量的影响，还受遗传因素的影响。另外，阳光、空气、运动和保持好心情对孩子的成长也很重要。

"做事有条理"的好习惯游戏

8 我给玩具做个家

准备道具：纸筒、纸盒、纸箱、儿童安全剪刀、胶棒或双面胶带

2 适合年龄：岁以上

游戏方法

● 先和孩子商量应该把那些平时容易随手乱丢的东西放在哪里最好，然后协助孩子给玩具和孩子的日常用品分别寻找或制作一个固定的"家"。如给孩子经常用的画笔做个笔筒，给孩子的鞋准备个鞋架，给孩子的玩具准备个玩具屋等。

● 每天孩子进屋脱下鞋子、玩完玩具、用完画笔，妈妈都要及时提醒孩子物归原处。开始的时候妈妈可以提醒孩子并和他一起把东西放回原处，等孩子慢慢养成习惯后，他就会自己主动地做这些事情了。

● 给孩子留出整理的时间，提前提醒孩子做好准备。孩子偶尔会有忘记的时候，妈妈可以适时提醒他："快看看这个淘气的玩具该回哪个家啊？"

游戏小贴士

　　孩子天生对秩序很敏感，如婴儿会因为看到他熟悉的物品没有放在原处而哭闹。因此，孩子的房间布置得要简单，物品摆放要相对固定。

　　以游戏的形式让孩子整理常用的玩具和物品，能慢慢地培养他物归原处的好习惯。而养成了及时归位、随手整理的好习惯，有利于孩子将来为自己创造一个相对整洁有序的生活、工作环境，他将不会每天为找不到需要的东西而浪费时间，从而提高生活和工作的效率。

9 周六宝箱

准备道具：纸箱或纸盒

适合年龄：
3 岁以上

游戏方法

● 为孩子准备一个特别的纸箱，并告诉他，这个箱子是用来装他平时乱丢的东西用的。如果是孩子每天都要频繁使用或玩的东西，一旦收进宝箱，只有到了周六他才可以打开并重新使用里面的东西。即便是重要的东西被收到了里面，他也只能等到周六才可以重新拿到并使用。

● 而对于被收到箱子里的短时间内孩子可能不会再用或再玩的东西，父母可根据具体情况设置更长的封存时间。做这个游戏时，也可由孩子来把其他家人四处乱放的物品收集到箱子中，由孩子来监督保管，到周六的时候，再把里面的物品拿出来。还可以定期比一比谁乱丢的东西少，对冠军可给予适当奖励。

游戏小贴士

　　当孩子总是随便乱丢乱扔自己的物品、玩具，而父母除了跟在孩子屁股后面收拾外没有其他的好办法时，不妨和孩子玩玩这个"周六宝箱"的游戏。这个游戏会让孩子将自己的行为与这种行为的后果联系起来，引发他的思考。当一种行为与一个人的需要有了关联，这种行为便更容易成为一种习惯。当归位的习惯成了自然，孩子做起事来自然也就并然有序啦！

 高效小蜈蚣时间表

准备道具：图画纸、画笔、各色贴士条

3 适合年龄：岁以上

游戏方法：

● 这是一个引导孩子试着考虑做事先后顺序的游戏，可在时间比较充裕的周末或假期进行。

● 协助孩子在纸上画出一条时间纵轴，每 2 个小时为一段。为了增加孩子的兴趣，可以将时间纵轴设计成一条蜈蚣的卡通形象，画出蜈蚣的头、身体和尾巴。在蜈蚣的脑袋后面标出起始时刻 8:00，尾部标出结束时刻 20:00(或 21:00)。

● 和孩子一起列出一天中他想做的事情。让孩子看一看其中哪些事情是他认为比较重要的，引导他先考虑安排时间去做他认为重要的事情。可以让孩子随意选取各种颜色的贴士条，在每一张贴士条上用图画的形式表现出一件事情。如吃饭可以画一把小勺，午睡画一个枕头，画画用一根铅笔表示等。对于其中一些特殊安排，如果孩子没有考虑到，如去看望姥姥、学琴等，妈妈也要提醒孩子在贴士条上画出来。

● 如果在一天的安排里，孩子没有顾及吃饭和午睡的时间，父母可以提醒孩子：保证按时吃饭和午睡能让他长高个儿，还能让他有一个棒棒的身体。

● 除了一日三餐、午睡和一些固定要做的事情外，其他日程的顺序，父母应尽量让孩子自己安排，尊重他心目中对事情重要性的排列顺序。然后按照孩子排好的顺序将代表这些活动的贴士条贴到时间轴上，这样活动顺序就排好了。

● 当一天的日程全部贴好后，"小蜈蚣"也就长出了很多条腿，可以开始高效地活动了。父母可以引导孩子尽量按照他自己设定的日程来进行一天的活动。

● 一天的活动结束后，问一问孩子对于自己这一天的安排有什么感受，哪些安排他明天还要坚持？哪些需要进行调整？想坚持或调整的理由分别是什么？

游戏小贴士

重要的事情先做是一种应该着重培养的好习惯。有了这个好习惯，孩子长大成人后，面对忙碌的生活，就能够很从容并有效地进行时间管理。但值得注意的是，孩子心目中的"重要"可能和大人考虑的不一样。相对于大人眼里孩子应该做的事情，对孩子来说只能分成喜欢做的和不喜欢做的；或者是服从大人的意志，分成非做不可的和可以不做的。父母可以鼓励孩子适当地考虑做事的轻重缓急，尝试让孩子自己安排一天的日程。这样不仅能提高孩子的逻辑思维能力，还利于孩子在未来养成重要的事情先做的好习惯。虽然开始时孩子的想法会和大人有所不同，但是随着年龄的增长，孩子对于重要的事情的认识会逐步发生变化，时间概念会日益清晰，安排、管理自己时间的能力自然会有所提高。

"做事不拖延"的好习惯游戏

谁被拖延虫咬到了

准备道具：画笔、图画纸、儿童安全剪刀、双面胶带

 3 适合年龄：岁以上

游戏方法

- 如果孩子做事经常拖拉，可以选择周末或者假期和他一起玩"谁被拖延虫咬到了"的游戏。

- 先和孩子商量好游戏规则，如无论是爸爸、妈妈还是孩子，谁有了拖延行为，都要在他的外衣上贴上拖延虫，表示他被拖延虫咬到了。和孩子一起设计拖延虫的形象，让孩子用笔画出来，然后协助孩子用儿童专用安全剪刀剪出来。可多做几条拖延虫，背面贴上双面胶备用。

- 当孩子做事拖拉，特别是在时间紧张的时候发生拖延行为，而且经过提醒仍未改正时，父母可将拖延虫贴在孩子的外衣上。若孩子的拖延行为比较严重，出家门后也让他带几分钟拖延虫。

- 同样，如果父母与孩子有了约定，却拖着不实现，孩子也可以在父母的外衣上贴上拖延虫，表示父母被拖延虫咬到了。

- 一周之内如果被拖延虫咬到两次以上，其他人就可以在周末时对他提出一项额外要求来作为惩罚。

游戏小贴士

学龄前孩子的时间观念和自控能力都比较弱，父母可以通过类似的游戏让孩子明白拖延行为是不受欢迎的，拖延会给他人带来不快。拖延虫游戏能够激发孩子的兴趣，使他乐于参与这项活动。惩罚和奖励可以帮助校正孩子的拖延行为。

然而父母也需要考虑，这时的孩子处于发展期，对周围事物敏感是他们发展的优势。孩子做事不像大人那样直接指向结果，他们更乐于体验过程，会被细节吸引。比如洗手时观察水流，体会水流经手上并从指缝流下的感觉。所以父母培养孩子的时间观念要注意把握分寸，不能凡事都用过死的时间表控制孩子。

12 只有5分钟

准备道具：钟表、各种玩具

5 适合年龄：岁以上

游戏方法

● 利用钟表帮助孩子理解5分钟的概念，和他一起做一个"5分钟能做什么"的游戏。可以对孩子这样说："5分钟的时间能做什么呢？咱们一起来试一试吧。"然后，可以和孩子一起玩玩具，一起收拾东西……最好选择有可比性的活动内容。

● 当5分钟的时间到了的时候，让孩子看看父母做了些什么，他自己做了些什么。当孩子发现父母做的事情比他做的多时，可以顺势引导孩子思考，怎样才能像父母一样，多做些事情呢？孩子是非常聪明的，他会找到答案——快点儿做。

● 可以先肯定孩子的意见，然后再兴趣盎然地陪他做一次。这一次注意观察与上一次相比孩子有没有进步，哪怕有了很小的进步，父母都要热情地鼓励一番，以肯定他的努力。

游戏小贴士

游戏中，当孩子第二次做的事情比第一次多时，他就会体验到时间的价值与自身的努力是密切相关的。有了这个良好的开端，在日常生活中，父母可以和孩子多玩一些类似的游戏，如早上起床，和孩子比一比谁穿衣服快；玩完玩具和孩子一起收拾，看谁收拾得快；做相同的事情时，效率能否有所提高。通过这样的游戏，孩子会慢慢学会利用时间，并且珍惜时间。

"主动沟通"的好习惯游戏

13 大家听我说一说

准备道具：图画纸、画笔

适合年龄：
4 岁以上

游戏方法

● 在墙上贴一张心情表，表上为每个家庭成员留出一行空间。如果谁今天很高兴，就可以画一个笑脸，如果有不开心的事情就画一个哭脸，这样就可以直观地看出今天家里人都是什么心情了。

● 每天父母可以利用和孩子在一起的时间，聊一聊孩子为什么高兴或为什么不开心。

● 还可以每周做一次统计，看看谁的笑脸最多；并和孩子一起讨论，为什么有的人笑脸多，怎么能让自己更开心一些，引导孩子正确对待自己遇到的不开心的事情。

● 每天设一个固定的分享时间，在这个时间里，每个人都要说一说今天自己最快乐的事情是什么。

● 可以引导孩子学着用绘画或是其他方法把自己的心情表达、记录下来。

游戏小贴士

在爸爸、妈妈的带动下，首先让孩子养成主动表达自己想法的习惯。开心时大家一起分享，不开心时大家一起想办法解决。每天的分享时间能让父母和孩子增强相互了解，让孩子更愿意把自己的开心与不快与父母进行交流。爸爸、妈妈如果能在交流的基础上切实理解孩子，引导孩子以积极的态度应对所遇到的各种问题，将有利于帮助孩子形成积极的处世态度。孩子将生活中感受的喜怒哀乐表达出来的过程，有利于他负面情绪的宣泄和快乐情感的提升。与爸爸、妈妈的密切交流在增进孩子对爸爸、妈妈信任的同时，也能满足他对情感归属的需求。

14 执行任务百分百

准备道具：各种家庭用品或孩子的玩具

适合年龄：
3岁以上

游戏方法

- 最初为了让孩子适应这个游戏，父母可以先有针对性地准备一些孩子熟悉的物品作为游戏道具。如水彩笔、他最喜欢的玩具、他常用的生活用品等。

- 先和孩子一起把准备好的东西放到另外一间屋子，然后先指定爸爸或妈妈做指派者来描述物品的特征，描述得越具体越好，让孩子听了描述后取来相应的物品。比如，是每天早晚都要用的，洗完脸后如果不用它，脸上就会都是水等。如果孩子取对了毛巾，可以让他来当指派者，描述自己想要的东西。

- 孩子熟悉了这个游戏后，可以将游戏延伸，进一步联系日常生活，多给孩子分配一些任务。如当让孩子去拿某件东西或做某件事情时，不直接跟他讲明，而是用这种描述特征的间接方法让他去理解。如果他没有耐心认真地把话听完，他就可能无法正确地完成父母交给的任务。

- 为了让孩子更耐心、更认真地把话听完整，父母在描述事物或物体的特征时，可以有意把最重要的特征留在最后说。

- 也可以要求孩子把想请父母帮忙做的事情或拿的东西，用这种方法表述出来。父母要对孩子表述不清楚或不准确的地方提出疑问，并引导他说出准确的词语，帮助他更准确地描述事物的特征及内心的想法。

游戏小贴士

　　这个游戏既可以训练孩子准确、清楚地表达和表述的能力，又可以培养他耐心地把别人的话听完整的好习惯。清楚的表述、表达可以帮助孩子更好地与人交往，让别人能更明白他的想法和意图。把话听完整、不抢话，既体现孩子对别人的尊重，也能使孩子获得更多、更准确的信息。

15 **抢答游戏**

准备道具：无

适合年龄：
4 岁以上

游戏方法

● 可以利用家人聚在一起的时间，模仿电视里的抢答游戏，设计几场只有把话听完整才能答对的抢答比赛。为了激发孩子的兴趣，可以找一些孩子熟悉的问题，如孩子感兴趣的动物、植物、玩具以及与幼儿园生活相关的问题，也可以从孩子熟悉的儿童知识书中挑选一些与孩子的理解力相符的问题加以改编，注意一定要把问题的关键点放在最后再问出来。如妈妈可以这样提问："有一种动物，身子特别大，长着长鼻子，耳朵像扇子，它爱吃什么食物？"在"耳朵像扇子"和"它爱吃什么食物"之间可略作停顿，如果孩子不能耐心地把问题听完整，肯定会以为让猜动物的名称，而错误地回答成"大象"。

● 在游戏过程中，如果孩子产生了提问的兴趣，爸爸、妈妈要积极地鼓励配合他，请孩子当提问主持人，其他人要耐心听他的问题。

● 可以将游戏设置成三局两胜或者五局三胜，如果孩子兴致高可以多比赛几轮。

● 胜利次数最多的人为冠军，但考虑到孩子不可能总是拿冠军，不妨再设置一个"最佳听力奖"，并给予适当的奖励。

游戏小贴士

把话听完整是与人交流的基本规则之一。日常交往中，将别人的话听完整是保证一个人在交流中做出正确回应的前提。做到这一点首先要求孩子在认真倾听的同时，不断地快速理解和判断说话人的意思和逻辑，判断什么时候可以进行回应。这个游戏不仅能锻炼孩子的语言能力和逻辑思维能力，而且由于提问的关键点总是被有意放在问题的最后，如果孩子不听到最后就抢答，就无法做到抢答成功，这样孩子通过直接的体验就能明白听话要听完整的重要性。

第二章

优秀来自好品格

——好品格游戏

哪些品格可能决定孩子的人生？又有哪些品格该从孩提时代尽早培养？

"负责"的好品格游戏

小小监督员

准备道具：监督员的胸牌

5 适合年龄：
岁以上

游戏方法

● 多和孩子交流，引导孩子建立起每位家庭成员都要分担家务的意识。

● 和孩子一起做一个能别在胸前的代表监督员身份的胸牌。然后将家里的家务整理出一个清单，针对清单上的项目与孩子一起协商家务的分工。注意分给孩子的家务要适合他的年龄，并耐心地教会他该怎样做。

● 每位家庭成员可以每天轮流当监督员，发现谁负责的家务没有完成好，监督员就要提醒他做好。开始的时候，可以多让孩子当几天监督员，这样有利于激发他做家务的兴趣。

● 当孩子是监督员时，父母一定要接受孩子的监督，及时做好自己承担的家务，这样才能为孩子做个榜样。

游戏小贴士

　　当孩子有了一项具体的任务，用自己的方式解决了问题、完成了任务时，他便对承担责任有了一些认识。通过这个游戏，能让孩子在家里逐渐学会帮助父母分担一些家务，并能教会孩子初步建立起承担责任的意识，同时孩子还能在游戏中看到父母对家庭负责的榜样作用。如果孩子能够在父母的配合下成功地承担起监督员的职责，那么他会对自己的能力更加自信。一旦孩子的责任心得到了肯定，他将更愿意对自己的行为负责任。

17 吞掉借口的小瓶子

准备道具：两个透明的敞口瓶、白纸

适合年龄：
4 岁以上

游戏方法

- 这个小游戏力图引导孩子勇于正视自己的错误，培养不随意找借口的品质。首先通过一些小例子和孩子讨论什么是"找借口"。

- 商定一个时间段作为游戏期间，可以是一周或者两周。在游戏期间内，孩子和父母互相监督，如果谁犯了错误，不找借口勇于承认，并努力补救，要给予适当的奖励。

- 和孩子一起将白纸裁成 20 张小纸条，然后在每一张小纸条上写上 3 以内的数字，将纸条放入孩子和妈妈的瓶子里，每个瓶子里各放 10 张。

- 如果由于孩子自身的原因，犯了明显的错误却找托词不承认，也不努力补救，就要让孩子从瓶子里随意取出一张纸条，并按照纸条上的数字努力想出补救措施。如抽到"1"就要想出一条补救措施，抽到"2"就要想出两条。但妈妈最后要督促孩子至少落实其中的一条措施。若妈妈犯了"找借口"的错误，也同样要抽出小瓶子里的纸条，并想出对应的措施。

游戏小贴士

如果孩子能不找借口、直面错误，就能有机会和动力纠正错误。但通常在孩子有了对错观念之后，犯错时仍常常会找借口，有时孩子是出于希望自己是对的、没有犯错误的潜意识，有时是孩子为了避免责罚的下意识的自我保护。要想使孩子遇事不找借口，首先父母需要有耐心和宽容的态度，并能细心观察和引导孩子。这个游戏的目的不是为了让孩子少犯错误，而是希望以此为契机，促使孩子在遇到困难或面对错误时能有积极应对的态度，而不是一味地找借口逃避。

"自立"的好品格游戏

⑱ 小魔法师

准备道具：纸做的魔法帽、扫帚、抹布

适合年龄：
4 岁以上

游戏方法

● 一起给家里定一个魔法日，如每周的周六。爸爸、妈妈准备好足够多的扫帚、抹布等清扫工具，让孩子自己挑选最喜欢的扫帚或抹布来做魔法师。每个人负责打扫自己的房间，比比谁的魔法最多，谁把自己的房间变得最干净。

● 评出魔力最强的魔法师，他将戴上象征着荣誉的魔法帽。开始，为了鼓励孩子可以让他赢几次；之后，如果孩子落后了，可以让他自己找出问题进行弥补。

游戏小贴士

在这个游戏中要注意评比标准的公平性，应把着眼点放在主观意愿和努力的过程上。这种比赛的目的是增强孩子自己的事情自己做的意识。父母可以根据孩子的年龄特点和动作的协调性，给孩子安排一些他能够做到的事情，这样能提高孩子的做事能力。但注意不要要求太高，否则孩子就会失去信心和兴趣。另外，在如何布置自己的房间方面应多给孩子一些自主性。孩子能按照自己的心愿做事是最开心的，这有利于提高孩子主动做事的积极性。

19　小鬼当家

准备道具：无

4 适合年龄：
岁以上

游戏方法

● 先问一问孩子在衣、食、住、行、玩几个方面有没有尝试当家做主的愿望。如果有，不妨和孩子一起列出一个清单。如决定自己每天穿什么衣服，尝试一下去超市帮助父母购物，拥有一个可以自由使用的小抽屉，决定周末的安排等。

● 如果孩子希望当家做主的项目很多，根据清单里的项目看看能否做一个小计划，将清单里的项目相应地安排一个主题周或主题月来做重点尝试。如若孩子希望自己决定每天穿什么衣服，就可以为他安排一个"想穿就穿时尚周"。

● 在实施"想穿就穿时尚周"的计划之前，爸爸、妈妈首先要了解孩子是否知道冷暖，只要孩子能做出正确判断，就可以同意他的想法。但同意之后，父母就要耐心应对接下来可能发生的事。如孩子可能会模仿电视人物的滑稽穿着，或者要把只适合去动物园穿的衣服穿到幼儿园等。

● 如果对于一件事情，孩子觉得一个主题周下来还没有过足瘾，也可以将时间适当延长。

● 爸爸、妈妈除了耐心、宽容之外，还需要在可能出现麻烦的时候，出招拉"小鬼"一把。如哪天"小鬼"因为要风度而不要温度穿得过于单薄，妈妈就要跟他商量带一些厚衣服备用。

● 对于其他的小鬼当家的项目，实施的原则也是一样的。尤其是最开始，"小鬼"也许会把家当得有些糟，既然学什么都得交学费，父母不妨把目光放长远些，因为能练出"小鬼"的决策能力，这是很划算的事情。

游戏小贴士

  为了提高孩子自立自主的能力,需要让孩子有机会自己做决定,尝试自己的决策能力,体会自主决策的感觉。父母怎样选择好适合孩子知识和能力水平的事情和项目,是决定孩子能否体验成功的关键。这个游戏中最重要的一点是,在同意孩子的想法之前,父母需要慎重考虑,确认好孩子是否已经有了相应的能力和知识;而父母一旦同意,就必须放手让孩子尝试,宽容地对待孩子尝试过程中出现的各种小插曲,并巧妙地给予适当的支持。

"守信"的好品格游戏

20 守时小沙漏

准备道具：空饮料瓶两个、少许细沙（或者米粒、豆子）、胶带、水彩笔、白纸、一个瓶子或者容器

3 适合年龄：岁以上

游戏方法

- 用事先准备好的两个干净的空饮料瓶、一些细沙和较宽的胶带，与孩子一起制作一个小沙漏。沙漏计量的时间可以设定为 3 分钟或 5 分钟，最长不要超过 5 分钟。因为如果时间过长的话，对于 6 岁以前还没有完全建立时间概念的孩子不容易把握。

- 首先将细沙（米粒或豆子）倒入其中的一个饮料瓶，一开始可以不必倒入太多，试用胶带封住瓶口，在胶带上捅出一个直径二三毫米的圆洞。如果瓶子里装的是米粒或豆子的话，圆洞可以捅得大一些。

- 将瓶子倒过来对着一个容器，看着钟表观察1分钟内沙子（米粒或豆子）的流量。然后根据这个流量估算出3分钟或5分钟沙漏需要装的沙量（米粒或豆子），将这些沙子（米粒或豆子）装入另一个空瓶子中，填入的沙量（米粒或豆子）可比估算的多一些。

- 将两个瓶子口对口地用胶带固定住，这样一个沙漏就基本制作完成了。

- 与孩子一起，按顺序分别测算出1分钟、3分钟或5分钟需要的沙量，并用涂成红、绿、蓝三色的细纸条在小沙漏瓶身的相应位置上分别标出1分钟、3分钟或5分钟的刻度。这样一来，通过沙漏计时，孩子就能对时间有个相对直观的认识。

- 沙漏制作完成后，可以在日常生活中积极运用这个"守时小沙漏"来培养孩子做事守时的习惯。首先需要与孩子交流游戏的目的和规则。如在孩子看电视的时候，先与他约定好看的时间，如半个小时或40分钟。到点前3分钟或5分钟时（按照沙漏能显示的时间定），父母就要提醒孩子："只能再看5分钟喽，妈妈把小沙漏摆在这里，沙子流到蓝色线时你就要闭上眼睛，休息一下哦！"

- 观察孩子的反应，如果孩子能够按照约定，5分钟后就有意识地不再看电视了，妈妈就要肯定孩子或给孩子一个小奖励，如奖励一张小贴画等。

- 如果5分钟后，孩子并没有按照妈妈的嘱咐去做，还可以继续让守时小沙漏发挥在这个过程中的"监督"作用。如利用小沙漏给予孩子小小的惩罚：孩子延误了多少分钟，就从孩子喜欢的活动项目的时间里相应地减少多少分钟，甚至可以取消孩子的某项活动。在这个过程中父母要不断结合各种事例细致地与孩子交流，让孩子体会到守时的重要性，帮助孩子利用小沙漏建立起自主掌握好时间的能力。

> **游戏小贴士**
>
> "守时"既是善待自己，也是尊重别人。在讲求效率的今天，"守时"已经成为一个重要的、基本的社会规则。一个不守时、没有时间观念的人，在与其他人的合作、交流中，又怎么能够得到别人的信任呢？因此，利用游戏的方法可以巧妙地引导孩子从小建立时间观念，让他养成做事按时开始、按时完成的好习惯。有了这个好习惯，能从细节之处体现出一个人的诚信的态度。

㉑ 每日承诺

准备道具：无

适合年龄：
4 岁以上

游戏方法

● 为了能够说到做到，可以每周选择一天或两天作为"承诺日"，在"承诺日"里和孩子互相做一个承诺。如孩子可以承诺早上上幼儿园不哭、一天至少喝3杯水等；妈妈承诺晚上回家要陪孩子一起画画等。

● 爸爸、妈妈和孩子要互相监督，看看对方是否做到了自己的承诺。如果孩子做到了，就可以提出一个合理的要求作为奖励；如果立即满足孩子的要求有难度，爸爸、妈妈可以继续许诺孩子一个承诺以满足他。

● 如果孩子没有做到，父母要提醒并让孩子知道他答应的事情没有做到，接下来的时间督促孩子还要继续努力。

● 爸爸、妈妈和孩子的承诺要符合日常生活的实际情况，如果孩子承诺了他力不能及的事情，父母可以引导他许诺得具体可行。在玩这个游戏的过程中，爸爸、妈妈一定要起到榜样作用，不要在孩子面前失信，否则就无权监督孩子的承诺了。

● 遇到孩子许诺了但连续多次做不到的特殊情况，父母不要急于责备。首先可以试着和孩子交流，了解清楚原因，分析一下实现承诺对孩子来说是否有难度，并进行适当的调整。

游戏小贴士

爸爸、妈妈和孩子一起制定"承诺日"，可以慢慢地从日常小事上帮助孩子养成信守承诺的好习惯，同时还能让家里的气氛更加和谐、民主，增强家庭成员之间的信任感。这会对孩子今后适应社会起到积极的作用。因为4岁的孩子对于诺言刚刚有初步的认识，即便是遵守了很小的诺言，孩子也要付出很大的努力，因此父母在做此游戏时一定要多鼓励孩子，对他要有宽容的心态，否则就违背了这个游戏促进孩子健康成长、积极处世的初衷。

"诚实"的好品格游戏

22 诚实故事会

准备道具：无

适合年龄：4岁以上

游戏方法

● 故事一《狼来了》

　　从前有个放羊娃，闲坐在山坡上无事。他看着远处干活的农民们，心里盘算着怎样才能让他们过来。忽然，他想出了一个主意，大声喊起来："狼来了！狼来了！"周围的农民们急忙奔跑过来，问："狼在哪儿？"放羊娃笑了起来："没有狼，我是逗你们玩的。"农民们生气地说了放羊娃几句，就走了。

　　放羊娃心里很得意，心想：我能让这么多大人上当，真好玩！

　　后来，放羊娃又重复了几次这样的恶作剧，农民们气愤地说："我们再也不相信你了！"

　　再后来，狼真的来了……

● 故事二《生病的阿毛》

　　今天阿毛又不想上幼儿园了，想一个什么办法好呢？妈妈又进来叫阿毛起床了，阿毛捂着肚子说："妈妈，今天我的肚子好疼，不想去幼儿园了，你就让我在家休息一天吧！"没想到妈妈竟然痛快地答应了，阿毛心里暗暗高兴。

　　阿毛躺在床上，晒着太阳心想："以后不想上幼儿园的时候，我就和妈妈说我肚子疼。嘿嘿，这样就可以一起和妈妈待在家里玩了！"躺了一会儿，阿毛饿了，他想吃妈妈昨天刚买的甜蛋糕，可是妈妈却给他端来了一碗白米粥，妈妈说："你的肚子疼，不能乱吃东西，只能喝一些粥。"阿毛为了不让妈妈看出自己说谎，只能乖乖地喝下没有一点味道的白米粥。又躺了一会儿，阿毛想起床玩玩具，可妈妈却说："你肚子疼，一定要躺在床上好好休息，不能乱动的。"阿毛实在躺得难受了，就求妈妈说："妈妈我现在好像有点不疼了，你能带我出去玩会儿吗？"妈妈却很坚决地说："现在刚刚好一点，如果出去跑，肚子又会疼的，你还是好好躺在床上休息吧！"

　　阿毛现在开始后悔自己说谎话了，想吃的东西不能吃，想玩的玩具也不能玩，看来今天只能在床上躺着了。

● 父母给孩子讲完这两个故事后，可以和孩子聊一聊说谎的后果，帮助孩子明白说谎的坏处。当孩子又因为想达到自己的小目的而说谎时，父母就可以学学这位聪明的妈妈，让孩子接受一些小小的惩罚，切身感受到说谎给自己带来的不好的后果。

游戏小贴士

　　对于孩子的撒谎行为，父母是需要慎重对待的。撒谎细分起来有很多层面：第一，指讲不真实的语言；第二，说话的人知道自己说的话是错误的；第三，这种言语欺骗是有意的；第四，撒谎目的是为了让听的人上当。这样一个明确的定义能帮助妈妈鉴别孩子是否真的在撒谎。

　　爸爸、妈妈至少会明白当孩子自己并不认为所说的是假话时，如那些充满着想象的语言并不是谎言。生活中孩子说谎的目的其实很单纯，常常是想通过说谎逃避一个小小的麻烦，或是保持在爸爸、妈妈心目中的形象，但是这种行为一旦成为习惯，就会对他今后的人生产生不良的影响，所以爸爸、妈妈一定要给予关注。但当孩子犯了错误，又实话实说地告诉了爸爸、妈妈时，爸爸、妈妈就需要认真斟酌后做出恰当的反应。

　　面对孩子说谎，首先不要给孩子扣帽子，而应站在孩子的立场上想问题，看他为什么这么说；另外，让孩子觉得对爸爸、妈妈说实话很安心，爸爸、妈妈不是在责问，而是在引导他看到自己的错误是可以弥补的。在这个小游戏中，妈妈没有直接地说教，而是讲了两个关于撒谎的小故事，使孩子能在故事中间接地感受到说谎的后果，帮助孩子从内心明白这种行为不好，从而让孩子有意识地避免这种行为的发生。

"协作"的好品格游戏

黑羊白羊过独木桥

准备道具：无

3 适合年龄：
3岁以上

游戏方法

● 和孩子分别扮演黑羊、白羊，一起玩过"独木桥"的游戏。画两条线当作"独木桥"，两条线之间的间隔宽度可以是孩子双脚并拢的宽度。让孩子扮作白羊，爸爸或妈妈扮作黑羊，分别从"独木桥"的两头同时向对方的方向走。

● "黑羊""白羊"同时走到"独木桥"中间时，让孩子动脑筋想办法让两只羊尽快通过独木桥而不掉到河里。如果游戏双方谁有半只脚踩在线外，就算掉进河里了。

● 通常情况下，在最初的几次尝试中，往往不是"白羊"因为礼让而掉进"河"里，就是两只羊互不相让，最终都掉进"河"里。此时应该适当给孩子一些提示，让孩子开动脑筋，想一个两全其美的方法。

● 如孩子想不出来，就可以适当引导孩子，让"黑羊""白羊"试着在"独木桥"上侧身互相轻轻抱住对方，同时向对方的方向迈一步，这样就能同时通过"独木桥"了。

● 游戏结束后，结合这个游戏和孩子聊一聊协作的重要性。还可以通过具体的例子，再将这个道理引申到生活中的其他事情上。

游戏小贴士

当孩子和小朋友在一起玩时，难免会发生一些小摩擦、小争执。此时爸爸、妈妈的正确引导是相当重要的。通过上面这个小游戏，能让孩子体会到协作的好处，体会到凡事不让人、只考虑自己往往会达不到目的。在关键时刻，能互相让一步，达到利人利己的效果才是最棒的。

"分享"的好品格游戏

家中的野餐

适合年龄：3岁以上

准备道具：几张报纸或者一块垫布（模拟野餐用的餐布）、儿童碗碟、各种食物饮料（每种只准备一份）

游戏方法

● 让孩子邀请自己的小伙伴与他的爸爸、妈妈一起来家中做客。到吃点心的时间时，让几个孩子在房间里模拟一次郊外野餐。

● 可以找一块布或者几张报纸铺在家中的地板上当作野餐布，在野餐布上摆放好餐具，让孩子们围坐在一起。

● 让孩子们将准备好的食物摆放在中间，并请他们自己来分食物。

● 因为每种食物只有一份，开始分的时候，小朋友之间可能并不协调，难免出现一些矛盾，甚至会哭闹起来。这时，爸爸、妈妈不要急于插手，应逐步引导孩子把自己的食物与他人分享，或用自己的食物与他人交换。

● 经过协商、交流，在通过分享和交换得到自己想要的食物后，孩子们会惊喜地发现，原来分享并不是失去，而是带来快乐。

游戏小贴士

对年纪小的孩子，不要期望他能"自觉"和别人分享。因为他只能真切地感受到什么是自己希望要的，而不能理智地懂得什么是自己真正需要的。所以，当他和小伙伴因此发生争执时，不要随便给他扣上自私、不懂事的帽子。爸爸、妈妈应当创造机会让孩子与其他小朋友共享属于自己的物品。严格说来，上面的游戏还不是真正的分享，只是一种建立在交换基础上的互惠行为。但正是这种互惠行为，使分享的种子萌芽了。游戏中，孩子体验到了分享的要素：自己的物品可以满足别人的需要，别人的物品也可以满足自己的需要。

25 **角色互换**
准备道具：餐具、炊具的模拟玩具

3 适合年龄：岁以上

游戏方法

- 和孩子一起玩做饭、吃饭的游戏。可以让孩子当妈妈或爸爸，系上围裙炒菜、做饭。

- 让爸爸、妈妈扮演孩子。爸爸、妈妈扮演的孩子可以有两种表现。第一，可以把吃到丰盛菜肴后开心的样子夸张地表现出来。然后再问孩子看到自己做的饭很受欢迎，是否很高兴。第二，爸爸、妈妈可以回忆孩子平时在吃饭过程中的一些表现，比如挑食、磨蹭等，巧妙地给孩子表演出来，并可趁机向"孩子妈妈"提各种要求，并请"孩子妈妈"逐一给予满足。

- 如果要求没有得到满足，爸爸或妈妈还可以模仿孩子平时表达不满的方式，观察"孩子妈妈"的反应。

- 可以和孩子聊一聊互相关爱的话题。怎样可以把爱表达出来呢？孩子最喜欢妈妈的哪几种表达爱的方式？

- 妈妈也可以把当"孩子"的具体感受告诉孩子，同时妈妈还可以谈谈最喜欢孩子用什么样的方式表达对妈妈的爱。

游戏小贴士

通过这个小游戏，孩子和妈妈都可以体验到对方的心情，当妈妈扮演的"孩子"对饭菜大加称赞并"吃得很香"的时候，"孩子妈妈"一定会很高兴。但当妈妈模仿出孩子的各种不良表现时，"孩子妈妈"也许会有些难为情和着急，孩子从游戏中或多或少地能体会到妈妈做饭持家的付出。类似的角色互换游戏可以多设计几种，通过这类游戏，可以让孩子体会父母在每个生活环节都付出了很多关爱，当然同时也收获了很多快乐。

26 家庭剧院

准备道具：无

3 适合年龄：
岁以上

游戏方法

- 当有小朋友来家里做客时，可以把家里变成一个家庭剧院，让孩子们一起商量并找一个孩子们都熟悉的故事进行表演，如《小蝌蚪找妈妈》《龟兔赛跑》《三只小猪》等。或者是在家中找一本情节有趣、易于表演的图画故事书，按照书的情节分派角色进行表演，大人在旁边当观众。不喜欢参加表演的孩子，可以担任评委等角色。

- 表演开始之前，先教会孩子报幕、演出、谢幕的大致程序，还可以指定一名报幕员。

- 如果孩子们要表演图画故事书的情节，先需要由一位大人帮着将故事讲出来，并分派给孩子们角色和台词。如果角色需要的化装行头很容易就能满足，大人不妨帮他们找到，因为有了装扮，孩子们表演起来会更起劲。

- 孩子表演正式开始后，作为观众，爸爸、妈妈要热情地鼓励，特别是孩子表演完谢幕时，爸爸、妈妈热烈的喝彩能让他们兴高采烈。

- 演出的最后可以根据孩子参与的人数，分别评出"最佳演技奖""最佳台词奖"和"最佳台风奖"等，力争做到"重在参与，人人有奖"，并可发给孩子们适当的小奖品。

> **游戏小贴士**
>
> 　　配合着说台词，配合着表演动作，大家一起把整个故事的情节表演出来，在这个游戏中孩子们可以体验到与人合作的乐趣。游戏后爸爸、妈妈可以鼓励孩子们说一说在配合表演时的感受。也可以提议让孩子们分别尝试一个人演独角戏，感受一下没有人配合的感觉如何。除了这个游戏，让孩子们想一想还有没有别的游戏或其他事情只靠一个人的力量难以完成，需要和别人合作才能做好。
>
> 　　在孩子的生活和学习中，合作是必不可少的一种行为体验，也是孩子长大后在社会上生存的基本方法。培养孩子理解别人、与人互助的能力，加强孩子的合作精神，能让孩子在未来赢得更多的机会和体验。

赞美的颜色

27 准备道具：白纸、胶水、彩色小贴画、黑色小圆纸片（用黑色手工纸或涂黑的图画纸剪成）

3 适合年龄：岁以上

游戏方法

● 和孩子一起在纸上勾勒出一对卡通娃娃的外部轮廓，贴在家中墙上。

● 告诉孩子游戏规则：在家里每当听到孩子称赞他人时，就发给他一片彩色小贴画，让他贴在其中一个卡通形象身上；而当听到他谈到别人的缺点时，就发给一片黑色的小圆纸片，让他贴在另一个卡通形象身上。

● 做这个游戏期间，爸爸、妈妈要留心聆听和记录孩子的话，听到有关于对周围人的评价和看法的信息，便按照游戏规则发给孩子相应的贴画或者黑色纸片，直到墙上的卡通娃娃被孩子用彩色贴画贴满或被黑纸片贴满。

● 若是墙上娃娃贴满色彩缤纷的小贴画，爸爸、妈妈可以告诉孩子：生活中，多赞扬别人，就像是为娃娃贴了彩色贴画一样，它会变得更加美丽。而看到别人的优点，才能看到自己的不足，发现了不足，才能够改正，自己也就随之变得更加美丽。

● 若墙上的娃娃被贴满了黑色的纸片，爸爸、妈妈就要巧妙地提醒孩子：每个人都有自己的长处和短处，而我们不应该只看到别人的不足。如果只强调别人的缺点，自己就会盲目自满，不受人欢迎，朋友也会越来越少。那他的生活就会像墙上"灰头土脸"的娃娃一样，变得没有生气，消极黯淡起来。

游戏小贴士

　　通过这个小游戏，爸爸、妈妈可以逐渐让孩子明白墙上的娃娃其实就像是小朋友们眼中的自己，如果多注意他人的优点，那么在称赞别人的同时，也是在为自己加分。多学习别人的长处，包容他人的缺点，不仅朋友会越来越多，快乐也会越来越多。

　　这个游戏还可以让爸爸、妈妈进入孩子的内心世界，了解孩子的真实想法，使家庭教育气氛更加民主和平等，并建立起积极、互动的亲情关系。

"自信"的好品格游戏

神秘来信
准备道具：漂亮的信纸和信封、孩子喜欢的动画人物的小贴画

 适合年龄：
3 岁以上

游戏方法

● 平时要多观察孩子一点一滴的进步。

● 找一个周末的早上，带着孩子一起看看自己家的邮箱，很惊奇并很神秘地拿出事先放进去的信封，让孩子猜猜会是谁送给他的，可以在信封上贴上孩子最喜欢的带有动画人物的小贴画并写上孩子的名字。

● 因为是寄给孩子的，所以，让孩子自己把信封拆开，并念给他听。信的内容是表扬孩子平时做得比较好的小事情或是进步的地方。信的结尾可以提一些小小的建议，如平时孩子比较爱犯的小毛病，用来信人物的口吻鼓励他，让他相信自己通过努力一定能做得更好。让孩子自己找一个地方保存好来信。

● 和孩子一起商量怎么回复这封神秘来信，可以让孩子来说，妈妈帮着记录。写好后放入信封，信封上可以写上孩子心目中收信人的名字，并放进自家信箱。

游戏小贴士

　　这个游戏不仅能帮助孩子建立更多的自信，还可以帮助孩子时时刻刻提醒自己要努力做好，自己一定能行。这个游戏的作用还在于能使爸爸、妈妈更细致地关注孩子的点点滴滴，发现孩子更多的优点和进步，而不再因期望太高过于注意孩子的缺点。爸爸、妈妈可以根据孩子的表现来决定神秘信件投放的间隔时间，下一封信要对上一封信结尾提的建议有一个评价，这样孩子才能感觉到这个神秘人物真的在时时刻刻关注着自己，从而能帮助他更好地建立自信心。

29 精彩回放

准备道具：记录孩子出生以来成长轨迹的相册、录像等

适合年龄：2 岁以上

游戏方法

● 日常生活中，当孩子遇到什么困难而畏惧不前时，如搭积木搭不好，爬高上不去等，妈妈除了安慰他之外，还可以在适当的时机将他小时候的相册拿出来一起和孩子做个精彩回放。

● 可以问问孩子：照片上从连勺子都不会拿而到后来会使用筷子的小家伙是谁？从只会躺着变成了会跑会跳的小家伙又是谁？

● 这些神奇的本领都是通过一点一点的努力学会的。妈妈可以为孩子仔细讲一讲他当时努力的辛苦和趣事。

● 问问孩子，周围的大哥哥、大姐姐身上是不是有很多本领让他羡慕？问一问孩子要想学到这些本领，只靠着急、发脾气能学到吗？

● 爸爸、妈妈可以在日常生活中有意识地用照相机把孩子生活中能让他增加自信的瞬间记录下来，这也是很有意义的，如孩子克服困难的场面、专注学习的场面等。之后，多和孩子回顾这些精彩瞬间，会让孩子从自己的成长足迹中汲取极大的力量和自信。

● 也可以和孩子共同制作家庭成员的光荣簿。不仅是孩子的进步，爸爸、妈妈的进步也可以记录下来。如妈妈学会了做一道新菜，爸爸把玩具修好了。有了这本光荣簿，不仅会促使孩子主动学习新本领，还会"教学相长"，提升爸爸、妈妈教育孩子的能力。

游戏小贴士

孩子缺乏自信心，很多时候并不是他真的没有好的表现，而往往是因为爸爸、妈妈没有适时地发现并给予他鼓励。在每个孩子平凡而普通的成长过程中，都蕴藏着很多生命的奇迹，通过这个游戏，爸爸、妈妈和孩子可以一起以欣赏的眼光回顾一个个小小的生命奇迹，这会在加深亲情的同时，让孩子获得更多成长的动力。

小教练

准备道具：无

3 适合年龄：岁以上

游戏方法

● 开始这个游戏之前，爸爸、妈妈要充分了解孩子有哪些拿手的本领，包括在幼儿园里学到的一些本领。

● 爸爸、妈妈可以找个适当的时机向孩子表达希望向他学本领的想法。一家人围坐在一起，请孩子当小教练，先请他想好教什么，孩子决定之后，大家就要服从命令听指挥。如果孩子发出指令，指挥大家活动身体某一部位，如绕绕肩、踢踢腿、转转手腕等，其他人要认真模仿小教练的动作。

● 如果一开始孩子不知道做什么动作，爸爸、妈妈可以提示一下，如原地跳、金鸡独立等。爸爸、妈妈可以结合家里的情况，让小教练有更多施展本领的机会，比如教会家里人做他在幼儿园学到的新游戏、新手工等。

● 孩子对这样的游戏产生了一定的兴趣后，可以把游戏的背景置换成真实的生活情景。如休息日，让孩子给爸爸示范擦桌子，带着妈妈收拾碗筷。当孩子看到在他的"带动"和"指挥"下大家都行动起来后，会体验到一种自信。这些都会为他面对新的挑战积聚好的能量。

游戏小贴士

孩子缺乏自信心，往往是由于父母过分保护、过度代劳而让他丧失了施展的机会，或是由于父母对孩子期望过高而让他力所不及而造成的。这个小游戏，可以帮助孩子体验愉快地指挥大家完成一项任务的心情，让孩子感觉到自己的能力，这有利于增强他的自信心。

让等候的时间快乐起来
准备道具：有趣的智力问答题的卡片

 适合年龄：
3 岁以上

游戏方法

● 平时多搜集一些孩子可能感兴趣的智力问答题并抄在小卡片上积攒起来，也可以学几招好玩的徒手可以做的手指操，将这些招数作为一项秘密武器，等待适当的时机发挥它们的作用。

● 如在游园会排队时、在旅行坐车的途中，孩子往往容易因等得不耐烦而闹情绪。此时，可以将事先准备好的智力问答题的卡片拿出来，给孩子来一场"头脑风暴"，也可以和孩子一起玩手指操游戏。

● 对孩子来说枯燥的等待时间突然有了可以让他投入的事情，同时又丰富了他的知识，也是一个意外的惊喜。

游戏小贴士

爸爸、妈妈可以像这个游戏说明的那样，提前为孩子准备好智力问答题卡片，在孩子容易闹情绪的等候时间里，让孩子有件能投入的事情，不仅能让他缓解自己焦躁的心情，还能让他多一份好心情。孩子闹脾气往往是因为自己处于被动地位，不能积极地控制环境。根据孩子不同的爱好还可以选择其他的方法，如引导孩子练习观察，然后回顾都看见了什么，听到了什么，也可以把自己回顾的内容记下来，和别人比一比，看谁记得多，记得正确。

积极乐观的情绪，对孩子建立积极乐观的思考模式有促进作用。爸爸、妈妈的思维方式对孩子影响巨大，爸爸、妈妈总是凡事从积极的一面着眼，必然总会笑口常开，孩子也会受到潜移默化的影响。面对孩子的各种负面情绪，爸爸、妈妈巧妙的引导比一味的责怪批评更有用。这对将来孩子建立乐观的为人处世的态度会起到积极的作用。

"专注"的好品格游戏

32 快乐拼图

准备道具：拼图或自制拼图、压舌板、孩子喜欢的图片或照片、胶棒或双面胶带、裁纸刀

3 适合年龄：岁以上

游戏方法

- 孩子 2 岁左右，父母可以试着让他玩拼图游戏。这是最能锻炼孩子耐心的一种游戏。玩具店里的拼图块数从 4 块到 1000 块不等，种类非常丰富。

- 可以选择孩子感兴趣的图案，最好从 4 块或 6 块一套的带边框的拼图起步，这样孩子操作起来比较容易。

- 开始，父母可以拼给孩子看，如果孩子表现出兴趣，可以空出一块让孩子自己拼上去。当孩子完整地拼出拼图图案时，要热情地表扬孩子。之后，慢慢引导孩子拼 2 块、3 块……直至更复杂的图案。

- 为了激发孩子的兴趣，还可以和孩子一起自制拼图。首先由孩子来选择他喜欢的图片，如日历、杂志的图片等，然后准备好从药店买来的压舌板，用双面胶或胶棒把压舌板整齐地粘贴在图片的背面。胶干后，用刀片沿板缝裁开。

- 可以根据孩子的年龄制作块数不等的拼图，如年龄小的孩子可以做块数少一点儿的拼图，年龄大一点儿的孩子可以用自己绘制的图画制作拼图，分割的块数也可以多一些，以增加拼图的难度。

游戏小贴士

拼图既可以提高孩子的观察能力，又可以提高孩子的耐心和细心程度。通过摸索拼接方法还可以提高孩子的思考能力。自选图案、自制拼图的过程，也是孩子探究拼图要领的过程，能使孩子玩起来更加投入。

33 说说动动对对碰

准备道具：无

3 适合年龄：岁以上

游戏方法

● 游戏开始前，要先和孩子一起制定每次的游戏规则。如果是数字和动作对对碰，就要制定出哪个动作对应哪个数字。如"1"对应的是拍手，"2"对应的是跺脚，"3"对应的是拍肩……游戏时爸爸、妈妈随意地说数字，当孩子听到指定的数字时就要做出相应的动作。

● 随着孩子渐渐熟悉游戏规则，可以逐步加大游戏的难度。如可以由孩子说出相应的数字，爸爸、妈妈做动作；还可以用文字对应动作，父母给孩子念一段文字，让他找出有多少相同的字，然后再给这些字配上相应的动作。在游戏中为了调动孩子的兴趣，也可以换成由孩子说，父母来做动作。

游戏小贴士

做事专心不仅能够降低发生错误的概率，还有助于提高单位时间内的效率。专心的习惯是需要从小培养的，孩子在这个"对对碰"的游戏中，为了赢得胜利就要努力地集中精神做出正确的反应，在玩的过程中，不自觉地将有意识的自我控制不断内化成自觉的行为，从而养成做事专心的好习惯。

34 小侦探

准备道具：无

3 适合年龄：岁以上

游戏方法

● 将一个属于孩子的区域或角落规定为"变化区"或"变化角"。让孩子当小侦探，仔细观察"变化区"或"变化角"内的家具、物件的摆放位置。

● 游戏开始之前，和孩子商定一个游戏规则，即隔 10 分钟（半个小时或 1 个小时）让孩子来观察"变化区"或"变化角"内的布置的变化，找出挪动、隐藏或增加了什么家具或物件摆设。

● 开始的时候，为了激发孩子的兴趣可以给他一些降低难度的提示："多了什么东西？""少了什么东西？""什么东西的位置变了？"如果孩子答对了，要给予适当的奖励。

● 等孩子能够很熟练地发现变化时，可以缩短两次观察的时间间隔。同时，爸爸、妈妈可以将"变化区"用手机或相机拍下来（变化前后分别拍两次），这样在最后确认答案的时候，可以让孩子对比前后的照片，让他有更加直观的体验。

游戏小贴士

　　这个游戏能引导孩子有意识地观察周围环境的细微变化，对培养孩子的观察能力、提高孩子环境感知的敏感度很有益处。观察力的好坏，直接影响到孩子的信息吸收的成效。同样的环境和时间，不同的人获得的信息的数量和质量可能是完全不同的。从小创造各种机会，寓教于乐地训练孩子的观察力，将为孩子日后的学习、生活打下良好的基础。

"有爱心"的好品格游戏

早日康复的小祝愿

准备道具：家中可用于小制作的材料

适合年龄：3 岁以上

游戏方法

● 和孩子聊一聊幼儿园里的事情，着重问问最近是否有哪位小朋友生病没来。让孩子回忆一下自己生病时的感觉，是否会觉得很难受？是否盼着病快些好？

● 如果孩子幼儿园里有生病很多天没来的小朋友，问问孩子是否愿意送给他一个"爱心小礼物"，祝愿他早日康复。

● 和孩子商量一下做什么样的礼物，最好由孩子制订出力所能及的方案。找一找家中的相关材料，和孩子一起制作一个"爱心小礼物"。礼物可以非常简单，折纸或是一个好运瓶（贴了漂亮包装的清洗干净的废旧饮料瓶）。

● 重要的是启发孩子关注班里的其他小朋友。"爱心小礼物"做好后，让孩子想一句祝愿的话，由爸爸、妈妈帮忙写在礼物上，并由孩子"签个名"（画张有五官的圆脸）。让孩子将礼物拿到班上，安静地等待小朋友康复归来。

● 生病的小朋友回到班里时，让孩子将礼物送给他，并告知对他的祝愿。

● 还可以教孩子利用电话来表达对小朋友的康复祝愿。这就需要请孩子向老师询问生病小朋友家的电话。但打电话要注意选择适当的时间，如避开小朋友病最重、卧床休息的时间。打电话前，可以先和孩子练习一下他想说的话。

游戏小贴士

爸爸、妈妈都非常注意培养孩子强烈的竞争意识，总想让孩子做到最好、最优秀。但在未来激烈竞争的环境中，以同情心、体贴、爱心等美好感情为内涵的人性美能更深地触动人的灵魂。通过爸爸、妈妈的言传身教，利用家庭、幼儿园中孩子身边的机会让孩子多做些关心他人的练习，孩子才能更加深刻地理解关爱的含义，懂得爱别人和爱自己。

36 亲善小大使
准备道具：孩子不再玩的玩具、不再看的书籍等

3 适合年龄：岁以上

游戏方法

● 随着孩子的成长，家里必定会有很多不再需要的玩具。很多家庭的爸爸、妈妈会做主将这些玩具、书籍随随便便就处理掉了。其实，这些玩具和书籍可以给孩子提供一个担当"亲善大使"的宝贵机会。

● 对于孩子已经不再玩的玩具、不再看的书籍，和孩子商量一下处理方法。如果孩子有明确的处理意见，如送给哪个小弟弟、小妹妹，要尽量尊重他的意见。如果孩子对自己的宝贝有些留恋不愿送人，也应该尊重孩子的意见，千万不要勉强他。因为孩子珍惜自己拥有的东西的体验对他的身心健康发展也是非常重要的。

● 找一个休息日和孩子一起整理一下他的宝库，找出那些他已经不再玩的宝贝。问问他愿意不愿意为他曾经珍爱的宝贝找一个新家，在新家里，每天都会有新的小朋友陪他的玩具宝贝一起玩，玩具们将不会孤单地睡在纸箱子里了。

● 如果孩子表示乐于赠送，可以和孩子一起为这些即将远行的宝贝洗一次香香的泡泡浴，作为临别饯行的仪式，之后再让宝贝好好享受一下阳光浴，这样做可以让孩子体会到送给别人的东西应该是美好的。

● 对于孩子想不出去处的玩具宝贝，爸爸、妈妈可以帮助孩子为它们找个新家。如送福利院的小朋友，孩子的爱心将通过这些好宝贝传递到它们的新主人身上。

● 经常进行这样的游戏，孩子会逐渐成为一名真正关心他人的亲善大使，并体会到付出和关爱所带来的快乐。

游戏小贴士

　　"付出更快乐"的观念越来越受到重视，让孩子真正体会到这句话的含义则需要一个漫长的过程。如果父母能以身作则，让孩子从小潜移默化地感受付出爱的快乐，孩子就会距离"不自私、会分享"的目标越来越近。

种子宝宝成长爱心日记

准备道具：容易发芽的植物种子或根茎，如小辣椒、死不了（春夏季节）、水仙（冬季）、白菜根（冬季）、萝卜头（冬季）等；透明的玻璃罐、土或一块棉花、记录本、水彩笔

3 适合年龄：岁以上

游戏方法

● 首先可以通过提问或讲故事的形式，激发孩子观察植物生长过程的兴趣。当孩子表现出兴趣，愿意种一颗小种子或养一种花时，便要讲清楚小种子或花种下以后，孩子就相当于是这颗小种子或花的爸爸或妈妈，一定要负责好好把它养大。

● 协助孩子在透明的玻璃罐里放上土（或一块浸水的棉花），然后种下小种子或白菜根。为了让孩子可以更清楚地观察种子的变化，种子或菜根尽量放在靠近玻璃瓶壁的一侧。

● 可以和孩子讲一讲怎样才能让小种子或菜根长大，并引导孩子每天给它浇水、照料它、观察它。

● 让孩子把所观察到的现象画到纸上，做成图画版的观察日记，也可以由爸爸、妈妈帮助孩子把观察的结果记在小本子上。

● 日记坚持记到种子（或菜根）发芽、开花、结籽是最理想的。父母把孩子照料、观察小种子（或菜根）的日记汇集起来装订在一起，就成了孩子的第一本"种子宝宝成长爱心日记"。

● 需要注意的是，如果孩子选择了种小辣椒，并且最终也收获了小辣椒的果实，要告诫孩子不要轻易碰触辣椒，否则辣椒被弄破，不小心把辣椒液抹到脸上、身上将会很难受，特别是弄到眼睛里会更难受。

● 还可以将这个游戏中的植物换成适合家庭饲养的小动物，但要注意做好卫生防疫措施。孩子一般都有饲养小动物的愿望，但重要的是要引导孩子坚持耐心地照料小动物。爸爸、妈妈可以和孩子商量他想要养什么动物，提示孩子这些动物都喜欢吃什么食物，平时应该怎样照顾它们，应该注意哪些事项。开始时可以带着孩子一起饲养小动物，引导他多观察小动物的生活习性，并教孩子一些饲养常识。等孩子都掌握了，就可以让他独立照顾小动物了。小动物比植物成长变化大，如果能让孩子用照片、图画的方式记录下小动物的成长过程，将会更加生动有趣。

游戏小贴士

　　现在的孩子接触自然的机会少了，很多孩子对于植物、动物的生命感觉非常淡漠。爸爸、妈妈多为孩子创造一些亲近自然和亲手养育植物、动物的机会，将有利于培养孩子的责任感和爱心。孩子会在不断的付出中，观察到生命的成长过程，进而体会到生命的可贵，这些体验将会对他成为一个有爱心的人产生积极的作用。

"知不足"的好品格游戏

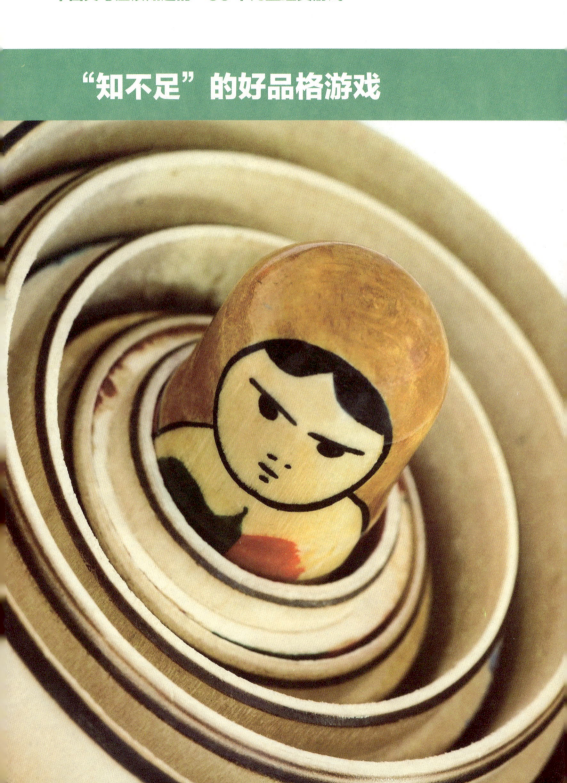

38　和"小猫"一起长大

准备道具："小猫"的图片、大小不同的塑料瓶（或纸盒子）、白纸、水彩笔

3 适合年龄：岁以上

游戏方法

● 可将塑料瓶（或纸盒子）按大小顺序排列好，分别贴上"小猫"的图片，收藏起来备用。

● 拿出一个最小号的"小猫"瓶（或纸盒子），告诉孩子"小猫"瓶虽小，但本领很神奇，专吃"为什么"，吃了以后就会长大。爸爸、妈妈要结合孩子的日常生活，启发孩子多问为什么，并及时捕捉周围小朋友的"为什么"，帮助孩子用纸记录下来，或引导孩子用笔画出来，打上大问号。之后，让孩子拿着这些"为什么"的小纸条喂"小猫"。孩子刚开始可能还不会问为什么，爸爸、妈妈可以多做示范。另外，还可以引导孩子多留心听周围的小朋友、电视、收音机里有没有提到"为什么"，从四处收集"为什么"喂"小猫"，"小猫"会长得更快。

● 当"小猫"吃的问题达到一定数量（爸爸、妈妈可自由把握，最开始可以少些，3个或5个）时，和孩子一起去查询、解决这些"为什么"。当问题都解决了，第二天早上"小猫"瓶就会神奇地变大。

● 之后，继续引导孩子喂"小猫"吃它喜欢的"为什么"。

● 在这个游戏中也可以用孩子更痴迷喜爱的其他卡通形象替代"小猫"。

游戏小贴士

　　孩子对外界事物充满好奇，会提出许多问题。好问"为什么"的孩子，表明了他有很强的求知欲，是值得高兴的事情。但是如果爸爸、妈妈应对不得当，如对孩子的提问表现出冷淡或不耐烦，就会挫伤孩子的积极性，这是最该避免的。这个游戏，把问为什么与让孩子和他所喜爱的卡通形象——"小猫"一起成长联系起来。孩子的每个提问，都成为"小猫"期待的美味，而在孩子的参与下，疑问得到了解决，"小猫"就会长大。这能帮助孩子在快乐的游戏之中培养喜欢问为什么的好习惯，培养孩子发现问题的能力。

第三章

优秀来自好智能

——好智能游戏

孩子的能力是多方面的，不同的智能之间是平等的，对于孩子有同等重要的作用和意义。如果让孩子们用他们擅长的方式来学习，他们个个都是学习的行家里手。

语言智能游戏

闪亮小主播
准备道具：家用摄像机

3 适合年龄：岁以上

游戏方法

● 如果孩子最近经历了有趣的事情或参加了有意思的活动，可以让孩子将他的经历讲述出来。为了烘托气氛，可以为孩子找一个东西充当麦克风，如果家里有唱卡拉OK 的麦克风更好。

● 如果孩子的叙述能力较强，还可以让孩子把他观察到的发生在其他家庭成员身上或者幼儿园里的事情回忆、讲述出来，来一个"新闻串串烧"。

● 不妨将"小主播"播报的"新闻"拍摄记录下来，这样不仅会让孩子播报得更认真，还能将播报的节目保留起来。一段时间后，可以将"新闻播报"的视频重新看一看，比较一下孩子第一次播报和后几次播报的效果，看看小主播的技巧是否有所提高。

游戏小贴士

说到语言智能，许多人想到的就是能说和会写。其实，听和读的能力，尤其是听的能力也是语言能力的重要组成部分，并且是说、写能力的基础和源泉。具体到幼儿园阶段的孩子，如果孩子能做到"乐意与人交谈，讲话有礼貌；注意倾听对方讲话，能理解日常用语；能清楚地说出自己想说的事；喜欢听故事、看图书；能向父母说清自己的需要，编一个故事；和老师、小朋友谈论自己去爬山的经历等"（摘自 2001 年 8 月 15 日公布的《幼儿园教育指导纲要》），他的语言发展目标就达到了。

这个游戏锻炼了孩子的语言智能中一种关键的能力——描述和报道的能力，在游戏过程中，孩子准确、连贯地叙述事件、情感、经历和准确地描述事物的能力会得到提升。在游戏中，爸爸、妈妈可以从以下几个方面考查孩子的进步：孩子是否需要成人的提示，讲述是否连贯，能否用一些连词表明事件之间的关系，能否详细描述主要事件，所用词汇和句子结构是否正确、恰当和丰富等。

数学逻辑智能游戏

40 小小测量家

准备道具：纸、笔、绳子（或细线、带子等）、尺子（直尺或卷尺）

3 适合年龄：岁以上

游戏方法

● 先问问孩子觉得自己有多高，把数据记录在纸上。

● 鼓励孩子想办法测量自己的身高，爸爸、妈妈可以协助，如用笔在墙上做记号。

● 让孩子拿住尺子的一头，放在墙壁与地面的接缝处；爸爸或妈妈拿住另一头，垂直于地面，请孩子读出记号边的数值，然后在纸上记录下来。

● 爸爸、妈妈还可以和孩子一起测量家中其他物体的长度，可以鼓励孩子做成表格，按顺序排列等。

游戏小贴士

　　数学逻辑智能的锻炼可以体现在生活的方方面面，家里的大部分物品都有长宽高比例，家人的身高也会随着年龄的增长而发生变化。这其中就潜藏着数字变化的奥秘。作为父母，应该鼓励孩子自己动手测量，让孩子自己记录数据，从中观察变化和规律，从而发掘数学逻辑的奇妙。

音乐智能游戏

41 自制小沙槌

准备道具：带盖子的空盒子或空塑料瓶（大小利于孩子拿握、不易变形）、绿豆、小米、大米等

2 适合年龄：岁以上

游戏方法

● 选若干个适合孩子拿握的带盖子的空盒子或塑料瓶，清洗干净，擦干。

● 为孩子准备一些绿豆、小米、大米，让孩子按喜好适量装入盒内或塑料瓶内，盖上盖子，摇一摇，如果发出沙沙的脆响，小沙槌就制成了。

● 先让孩子将小沙槌随意晃动，听一听装着不同量的米和豆，声响各有什么不同。

● 由爸爸、妈妈随意选取一个小沙槌晃动，让孩子分辨里面装的是什么。

● 选取节奏明快的乐曲，父母和孩子一起用自制的沙槌随着乐曲的节拍随意晃动，还可以拿它敲打自己的肩、腰、膝盖等不同部位，让孩子体会到音乐节拍带来的快感。

游戏小贴士

这是一个把探索声音和音乐结合起来的游戏。孩子从制作小沙槌的准备过程开始，就已经参与进来了。让孩子分辨小米、大米、豆子等各种不同材质的声音，能锻炼孩子耳朵的敏感程度。让孩子用自制的小沙槌随着音乐节拍快乐地敲打，可以使其放松地体验音乐中的节拍。其实，生活中处处都有音乐存在，开发音乐智能可以陶冶孩子的性情，让孩子生活得更加丰富多彩。

42　家庭音乐会

准备道具：优美乐曲的磁带或 CD

2 适合年龄：
岁以上

游戏方法

- 家庭音乐会之前，可以和孩子各自选取所喜欢的一首或多首任意风格的乐曲作为推荐曲目，也可以适当选取不同的音乐，孩子选曲子时可以请爸爸、妈妈协助，爸爸、妈妈可以先找出家中各种乐曲给孩子试听，然后让孩子决定所选曲目。

- 音乐会可以在晚餐后或休息日进行，音乐会开始后，全家人各放一段自己喜欢的音乐。让孩子专心聆听，随着音乐打一打拍子，跟着音乐哼唱，试着随音乐舞动身体，或随着音乐迈步移动时保持节奏感。如果孩子有能力用语言来表述，可以鼓励他自由发挥。

- 如果欣赏完乐曲意犹未尽的话，还可以进入演唱和演奏的音乐会环节。孩子唱歌的时候，爸爸、妈妈用小铃鼓等简单的打击乐器给孩子伴奏；当爸爸、妈妈唱歌时，就让孩子来给爸爸、妈妈伴奏；也可以全家一起听一首乐曲，一起来给乐曲敲击节奏。如果孩子喜欢，还可以让孩子听着乐曲自己编舞蹈。别忘了鼓励孩子的表现。如果爸爸、妈妈愿意和孩子一起跳舞，孩子一定会更兴奋。

游戏小贴士

　　音乐智能是人类与生俱来的天赋。当我们还在母亲腹中的时候，就听到母亲心跳、呼吸的韵律，感受到母亲走路的节奏；我们的发声器官会发出高低不同、变化无穷的声音；我们的动作，无论是行走、跑跳，还是劳动，都富有韵律和节奏；我们的呼吸和心跳，会随着情绪的激动而加快节奏；当孩子还不会说话，甚至还听不懂语言的时候，已经能够感受诗的韵律，会随着音乐的节奏而扭动身体，甚至会用动作表达音乐。人们生活在音乐中，随时在感受并创造着音乐。

　　在开家庭音乐会的时候，爸爸、妈妈多留意一下孩子的音调是否准确，节奏是否掌握得好，能不能表达出歌曲的情绪。在很多人的心目中，音乐就是唱歌和

演奏乐器。很多爸爸、妈妈让孩子学"音乐",就是让孩子去学琴、考级;评价孩子的音乐能力,就是看他琴弹得好不好。实际上,音乐的内涵远不止这些,音乐的力量也远远不止于此。有些孩子能够敏锐地听出钢琴某个琴键的音调不准,能够听出"这是小鹿在跑""风吹过草原""这段音乐很伤心";有些孩子在听音乐的过程中,会随着音乐情绪的变化而快乐或悲伤,感受到爱与美;有些孩子能够用自己的舞蹈表达对音乐的感受,并感染其他的小朋友,让别人感受到音乐之美。

如果发觉通过快乐的音乐游戏,孩子的音乐听觉、音乐感受、音乐表达能力有了提高,那是很值得高兴的事。

自我认识智能游戏

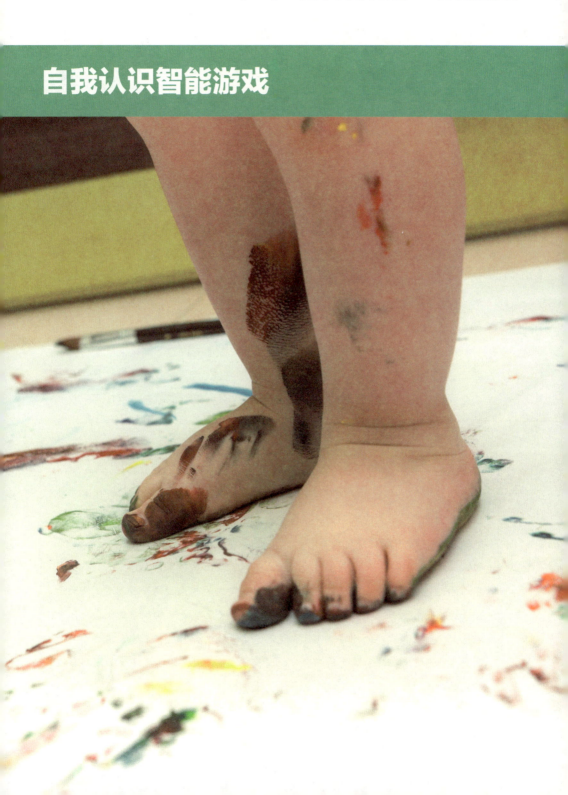

43 奇妙的指纹

准备道具：印泥（口红或手指画颜料）

2 适合年龄：岁以上

游戏方法

● 很多孩子出生时，爸爸、妈妈会为他留下小手印、小脚印，作为纪念，有的还请人用镜框镶嵌起来摆在家里欣赏。可以让孩子将自己已长大的手的手印与刚出生时的比较一下，看看有什么不同？孩子或许能体会到生命成长的奇妙。

● 给孩子的手掌和小脚掌上涂上印泥（或口红），将手印印在一张白纸上，可以让孩子将几个手指的指纹印得清楚些，与出生时妈妈为孩子留下的小手印上的指纹做个比较，看看形状纹路是否有变化？

● 也可以请爸爸、妈妈参与进来，让孩子看看自己的指纹与爸爸、妈妈的是否相同。

● 让孩子开动脑筋设计一些可以用手掌印和指纹创作的昆虫、动物的图案。如在手掌上适量涂抹薄薄的一层手指画颜料，将四指并拢，伸直大拇指，让大拇指与其他4 个手指成 90 度角，然后将手印在纸上，一个鸟儿的雏形就基本完成了。让孩子自由地为其添上眼睛和爪子，这只鸟就活灵活现了。

游戏小贴士

这是一个培养自我认识智能的游戏活动，可帮助孩子了解自己，表现个人的独特性。自我认识智能较高的孩子常常以深入自我的方式来思考。

现代都市"6+1"（即爷爷、奶奶、姥姥、姥爷、爸爸、妈妈守着一个孩子）的家庭构成，使得家人有很多时间和精力关注孩子日常举动的细节，但是当孩子发呆的时候，他或许正沉浸在自己的思绪中：飞逸的想象、纯净的感受，使他十分着迷。他稍大一些之后，就会提出这样的问题了：我是从哪里来的？我为什么在这里？别人和我想的一样吗？什么是思想？为什么会有思想？对这些哲学问题的思考，就诞生在孩子独处的沉思中。对他们而言，理想的学习环境必须有自己独处的时间，并允许他们自我选择、自订计划和自我决策。

人际智能游戏

他们的孩子是谁

准备道具：印泥（口红或手指画颜料）

2 适合年龄：岁以上

游戏方法

● 谁是爷爷和奶奶的孩子？请找出来，并连上线。

● 谁是姥姥和姥爷的孩子？请找出来，并连上线。

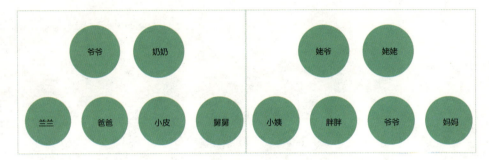

游戏小贴士

具有较高人际智能的人，能够建立和维持各种人际关系，成功地在团体中扮演各种角色，成为很好的领导人、人际关系协调者，或者很好的团体成员。有调查表明，我国学前儿童缺少分享的意识，普遍存在独占行为。这种行为一旦形成习惯，不仅容易造成孩子性格孤僻、不爱与人交往，而且小朋友也会离他而去。

家庭是培养孩子的爱心和人际智能的摇篮。让家成为尊敬老人、充满关爱的地方，这将为未来孩子的爱心和人际智能的发展提供一个好的成长空间。和孩子一起画一棵"家谱树"也不失为一个好方法。把家庭主要成员和亲戚按照辈分、大小列出来，然后画出各个家庭成员的卡通头像，或者用他们的照片，把家人之间的关系做成一棵树的形式。祖辈是枝干，枝条是父辈，枝叶是孙辈，画出"家谱树"可以让孩子形象地了解亲属之间的关系，并清楚自己在其中的位置，由此产生归属感。

空间智能游戏

45 寻宝图

准备道具：画笔、纸张

3 适合年龄：岁以上

游戏方法

- 先在桌子上摆上几块积木或者别的日常小物件，教孩子把这些物件的位置画在一张纸上，旁边标上每个物件的名称，然后用曲线圈出一圈基本的外沿线，一张最简单的地图就完成了。

- 在家里让孩子指定一个小角落，如孩子摆放玩具的小角落，然后用绳子圈起来，最好圈成不规则的形状，将圈好的区域假设为宝岛。让孩子逐一说出角落里面的东西的位置，如某样东西是在宝岛的左边还是右边，之后逐步教给孩子从上面俯瞰的概念。

- 可以帮助孩子把宝岛的外沿画在寻宝图上，同时还可以画出两三个能作为标志物的物件。之后，一边引导孩子认知其余物件在寻宝图上的相应位置，一边鼓励孩子自己动手在图上画出来。

- 和孩子成功地完成第一张寻宝图后，可以给孩子一个奖品以资鼓励。

- 奖品可以藏在"宝岛"上的某个地方。之后，用笔在寻宝图中把奖品的位置标注出来，让孩子根据寻宝图说出奖品藏的大致方位，如：藏在毛毛熊的左边等。

- 等到孩子把宝岛上的物品与寻宝图的对应关系掌握之后，可以把宝岛的区域逐渐扩大，直至整个房间，寻宝图也需要反映整个房间的大致摆设。

- 休息日，为了锻炼孩子对空间方位的认知，可以不直接将每天要给孩子的东西如玩具、书等交给他，而是当作宝贝藏在房间里，然后在房间的寻宝图中标明位置，让孩子去探宝。

- 另外，带孩子去公园、动物园、博物馆参观时，别忘了多让他看看参观图，可以试着让孩子做小向导，带着爸爸、妈妈到他想去的地方。这样一来，孩子能在快乐的游戏中大大提高对于空间的认知能力。

第三章　优秀来自好智能——好智能游戏

财富智能游戏

最佳售货员

准备道具：儿童安全剪刀、双面胶带、白纸、玩具、日常小用品、图画书等

适合年龄：
5 岁以上

游戏方法

● 可以和小朋友，或者和爸爸、妈妈一起玩这个游戏。

● 准备好一些玩具、日常小用品、图画书等充当商品。

● 将白纸剪成扑克牌大小的纸片，充当游戏用的纸币和价签。在纸币上标出 10 以内的数字作为纸币的面额，最高面值 10 元。给每样商品贴上一个小价签，每件东西的价格最好定在 10 元以内，这样利于孩子认识、计算。游戏开始前，父母帮助孩子计算一下标价物品的总价值，记在一张纸上。

● 把家中的一角或小桌子布置成小卖部的柜台，摆上商品，一名小朋友扮演小卖部的售货员，其他小朋友扮演顾客，大家在一起模拟买卖东西的过程。虽然不必太精确，但需要让买的小朋友尽量按照价签的数额付钱，售货员收钱时也要核对一下。

● 等到商品都卖完了，一轮游戏结束时，爸爸、妈妈可以帮着孩子清点一下收到的纸币的总额。纸币的总额与商品的总价值越接近，说明售货员当得越好。

● 如果是几个小朋友一起参与这个游戏，等到店里的商品都卖完了，可以轮换售货员和顾客的角色。

● 最后评出最佳售货员，看看哪位售货员当得最好。

游戏小贴士

孩子很小就会对卖东西的游戏感兴趣，只不过他们还没有数字的概念，不能准确地完成这个游戏中按照商品价格收钱的环节。通过这个类似"过家家"的游戏，孩子可以体会到钱的最基本的购买功能，从而脑中对于钱有一个初步的概念。

47 变废为宝

准备道具：儿童专用安全剪刀、胶水或双面胶带、废旧的纸盒和罐子

5 适合年龄：
岁以上

游戏方法

● 和孩子一起收集家里的废旧盒子和罐子，想一想这些东西能做出什么可以利用的东西或装饰品。

● 协助孩子进行制作，充分发挥孩子的创意，如果遇到困难尽量让孩子自己想办法解决。

● 如果孩子的作品真的可以使用或能起到好的装饰效果，父母可以拿出一点钱作为奖励。原因有三条：首先，奖励孩子变废为宝的创意；其次，奖励孩子节约了家里购买相同物品的开销；再次，奖励孩子为环保做出了贡献。

游戏小贴士

变废为宝的游戏既培养了孩子的环保和节约意识，又发展了孩子的想象力和创造力。爸爸、妈妈可以充分利用周围的废旧资源，和孩子一起装饰美化家庭环境。

对于不能够变废为宝的家中其他废品，爸爸、妈妈可以告诉孩子哪些是可以回收卖废品的，哪些要

分门别类地丢弃到垃圾桶中。这样做有利于让孩子从小形成保护环境、回收利用资源的观念。父母还可以鼓励孩子将家中待卖的废品收集起来，定期卖掉，并将卖废品的钱给孩子作为奖励，但要明确地告诉他，使用卖废品的钱要先跟爸爸、妈妈商量一下。由此，孩子将潜移默化地明白"劳有所得"这个积累财富的最基本的道理。

10 元钱能干什么

准备道具：儿童专用安全剪刀、胶水或双面胶带、废旧的纸盒和罐子

 适合年龄：5 岁以上

游戏方法

● 阿毛每天给爷爷拿报纸。过"六一"节的时候，爷爷奖励了他10元钱。第一次拿到钱，阿毛快活极了。可是，这10元钱能干什么呢？

冰激凌：3 元钱 1 个，阿毛能买 _____ 个；

大气球：5 角钱 1 个，阿毛能买 _____ 个；

碰碰车：4 元钱玩 1 次，阿毛能玩 _____ 次；

巧克力：5 元 1 块，阿毛能买 _____ 块；

棒棒糖：1 元 1 支，阿毛能买 _____ 支；

过山车：8 元钱玩 1 次，阿毛能玩 _____ 次。

电动摇：2 元钱玩 1 次，阿毛能玩 _____ 次；

如果阿毛又想买棒棒糖和巧克力，又想玩电动摇，你帮他计划一下，他可以怎么做呢？买 _____ 支棒棒糖，买 _____ 块巧克力，玩 _____ 次电动摇。

49 好习惯棋

准备道具：儿童专用安全剪刀、胶水或双面胶带、废旧的纸盒和罐子

5 适合年龄：岁以上

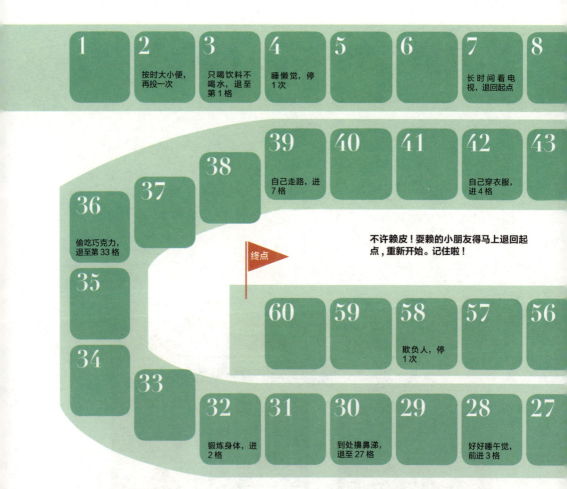

| 1 | 2 | 3 | 4 | 5 | 6 | 7 | 8 |

2：按时大小便，再投一次
3：只喝饮料不喝水，退至第1格
4：睡懒觉，停1次
7：长时间看电视，退回起点

36：偷吃巧克力，退至第33格

38、39、40、41、42、43、37

39：自己走路，进7格
42：自己穿衣服，进4格

不许赖皮！耍赖的小朋友得马上退回起点，重新开始。记住啦！

终点

60、59、58、57、56

58：欺负人，停1次

35、34、33

32、31、30、29、28、27

32：锻炼身体，进2格
30：到处擤鼻涕，退至27格
28：好好睡午觉，前进3格

第三章 优秀来自好智能——好智能游戏

游戏方法

● 找来一个骰子、几个棋子，你就可以和小朋友或者爸爸、妈妈一起来玩棋了！

可以几个人玩呀？每一个格子里放得下几颗棋子，就可以有几个小朋友一起玩。

怎么玩呀？轮流投掷骰子，按照骰子的点数和到达的格子里的提示来走。

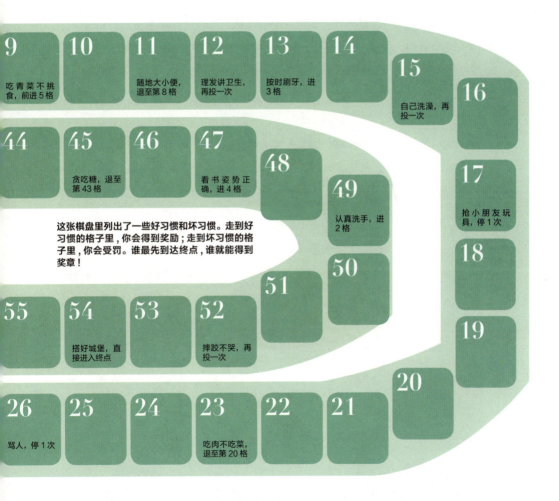

9

10

11
随地大小便，
退至第8格

12
理发讲卫生，
再投一次

13
按时刷牙，进
3格

14

15
自己洗澡，再
投一次

16

9
吃青菜不挑
食，前进5格

44

45
贪吃糖，退至
第43格

46

47
看书姿势正
确，进4格

48

49
认真洗手，进
2格

17
抢小朋友玩
具，停1次

这张棋盘里列出了一些好习惯和坏习惯。走到好习惯的格子里，你会得到奖励；走到坏习惯的格子里，你会受罚。谁最先到达终点，谁就能得到奖章！

50

18

51

55

54
搭好城堡，直
接进入终点

53

52
摔跤不哭，再
投一次

19

20

26
骂人，停1次

25

24

23
吃肉不吃菜，
退至第20格

22

21

50 "挣钱"的宝贵经历

准备道具：彩色长方形纸片若干、记账本

适合年龄：
4 岁以上

游戏方法

● 鼓励孩子用自己的劳动来"挣钱"，如洗碗可以赢得 3 张彩纸，扫地可以赢得 4 张彩纸，送报纸可以赢得 3 张彩纸，早上不赖床可以赢得 2 张彩纸。

● 以一周为单位，让孩子自己计算所赢得的彩纸，记在账本上，并向爸爸和妈妈兑换成现金（爸爸、妈妈可以预先和孩子协商好兑换的比例）。

游戏小贴士

在生活中，孩子得到的一切都是现成的，还没有劳动创造价值的经验，对于钱的多少、钱的价值也没有概念。所以，他会拿着 2 块钱去买飞机，会觉得爸爸兜里有拿不完的钱。如果我们买东西的时候让孩子参与，让他有"挣钱"和花钱的经历，就能够帮助他形成钱的概念。